KB263845

금강경 한문 사경

우룡큰스님·김현준 편역

효림

우룡雨龍 큰스님

　1947년 해인사에서 고봉스님을 은사로 출가. 해인사 등 전국 여러 강원의 강사를 역임하였으며, 통도사 극락선원, 수덕사 능인선원 등의 제방선원에서 수선안거하였다. 현재 경주 함월사 조실로 계시면서 후학을 지도하고, 불자들의 불심을 깨우쳐 주고 계신다. 저서로는 『생활 속의 금강경』 등 10여종이 있다.

김현준 金鉉埈

　평생을 불교 수행·포교·연구에 몰두하였으며, 현재 불교신행연구원 원장, 월간 「법공양」 발행인 및 편집인, 효림출판사와 새벽숲출판사의 주필 및 고문으로 활동하고 있다. 저서로는 『그래서 인연입니다』『생활 속의 반야심경』 등 40여종과 불자들의 신행을 돕는 사경집 20여종, 『법화경』 등 번역서 10여종이 있다.

금강경 한문 사경

초　판　1쇄 펴낸날　2010년　10월　1일(14쇄 발행)
개정판　1쇄 펴낸날　2026년　1월　3일

편역자　우룡큰스님 · 김현준
펴낸이　김연수

펴낸곳　새벽숲
등록일　2009년 12월 28일 (제321-2009-000242호)
주　소　서울특별시 서초구 반포대로14길 30, 906호 (서초동, 센츄리I)
전　화　02-582-6612, 587-6612
팩　스　02-586-9078
이메일　hyorim@nate.com

값 5,000 원

ⓒ새벽숲 2026
ISBN　979-11-87459-15-6　03220

차 례

· 금강경 사경과 영험

　사경은 기도와 수행의 한 방법이며, 우리의 삶을 밝은 쪽으로 바른쪽으로 행복한 쪽으로 나아가게 하는 거룩한 불사입니다. 금강경을 써보십시오. 마음공부 하는 불자들이 믿고 의지하는 금강경을 눈으로 보고 입으로 외우고 손으로 쓰고 마음에 새기는 사경기도를 하면 참으로 무량한 공덕이 생겨납니다.

　더욱이 금강경은 상相을 비우고 마음을 비워, 무량한 복덕을 갖춘 원래의 자리로 돌아가게 만드는 대승경전이기 때문에, 이 경전을 사경하고 독경하여 그 뜻을 나의 것으로 만들면 한량없는 가피가 저절로 찾아들어, 업장 참회는 물론이요 쉽게 소원성취를 할 수 있습니다.

　특히 다음과 같은 원의 성취를 바란다면 금강경 사경을 해 보십시오.

> · 쾌락하고 청량한 삶을 이루고자 할 때
>
> · 평화로움과 복되고 안정된 삶을 원할 때
>
> · 불법 속에서 흔들림 없는 믿음을 얻고 크게 향상하고자 할 때
>
> · 세세생생 훌륭한 선지식을 만나 불법을 잘 배우고자 할 때
>
> · 부처님의 법문을 통달하고 참다운 법공양을 하고자 할 때
>
> · 불보살님의 가피 속에서 업장을 녹이고 소원들을 이루고자 할 때
>
> · 각종 시험의 합격과 높은 자리로 승진되기를 바랄 때
>
> · 가정의 평화를 이루고 자리이타의 삶을 원할 때
>
> · 부모 및 친척 영가의 극락왕생을 기원할 때

　이 밖에도 금강경 사경의 영험은 이루 다 말할 수 없습니다.

· 금강경 사경의 순서

1. 경문을 쓰기 전에

① 먼저 3배를 올린 다음 금강경 사경집을 펼치고 기본적인 축원부터 세 번씩 합니다.

"시방세계에 충만하신 불보살님이시여, 세세생생 지은 죄업 모두 참회합니다.
이제 금강경을 사경하는 공덕을 선망조상과 일체중생의 행복을 위해 바칩니다.
아울러 저와 저희 가족 모두가 늘 건강하옵고, 하는 일들이 다 순탄하여지이다." (3번)

② 이렇게 기본적인 축원을 세 번 한 다음, 꼭 성취되기를 바라는 심중의 소원이 있으면 함께 세 번씩 축원하십시오. 이 경우, 간결하면서도 구체적인 소원들을 문장으로 만들어 10페이지의 '금강경 사경기도 발원문'난에 써놓고, 사경하기 전과 사경을 마친 다음 축원을 하면 좋습니다. 이때의 축원은 어떠한 것이라도 좋습니다. 꼭 이루어졌으면 하는 소원들을 불보살님께 솔직하게 바치면 됩니다.

③ 축원을 한 다음 개경게와 「개법장진언」 '옴 아라남 아라다'를 세 번 염송하고, 이어 '나무금강반야바라밀경'을 세 번 외우고 사경을 시작하면 됩니다.

2. 경문을 쓸 때

① 금강경 본문을 사경할 때는 원래 부처님께서 설하신 경문만을 쓰고, 진한 글씨로 쓴 부분, 즉 분류의 편의를 위해 표기한 32분分의 소제목(예:법회인유분 제일, 선현기청분 제이 등)과 한문의 토(예:하사오니, 에, 이 등), 한문 위의 한글은 쓰지 않습니다.

② 사경을 할 때 바탕 글씨와 똑같은 글자체로 쓰려고 애를 쓰는 분이 있는데, 꼭 그렇게 쓸 필요는 없습니다. 바탕 글씨를 크게 벗어나지 않는 범위 내에서 자기 필체로 쓰면 됩니다.

③ 사경을 하다가 특별히 마음에 와닿는 구절이 있거나 새기고 싶은 내용이 있으면 다시 한번 읽으면서 사색에 잠기는 것도 좋습니다. 이렇게 사경을 하게 되면 금강경의 내용이 보다 빨리 '나'의 것이 되고 신심이 샘 솟아, 무량공덕이 저절로 쌓이게 됩니다.

④ 그날 해야 할 사경을 마쳤으면 다시 스스로가 만든 '금강경 사경기도 발원문'을 읽고 3배를 드린 다음 끝을 맺습니다.

· 사경 기간 및 횟수

① 이 사경집은 금강경을 두 번 쓸 수 있도록 엮었습니다. 만약 아주 간략한 소원이라면 열 번 이내의 사경으로 족하겠지만, 20번 이상의 사경을 기본 단위로 삼고 있습니다. 그리고 지중한 원이 있을 때는 1백 번 또는 108번을 사경하는 것도 좋습니다.

그리고 즐겨 권하고 싶은 횟수는 이 사경집 10책 분량인 20번입니다.

② 인쇄된 글씨 위에 억지로 덧입히며 쓰지 않고 자기 필체로 쓰게 되면
한 페이지에 보통 5분~7분 정도 걸리며, 하루 만에 금강경 한 권을 다
쓰려면 4~5시간이 소요됩니다.
만약 기도할 시간이 넉넉하지 않아 한 시간 정도에서 끝마치고자 한
다면 5일로 나누어서 사경을 하되,
첫날은 제1분~제7분, 둘째 날은 제8분~제13분,
셋째 날은 제14분~제16분, 넷째 날은 제17분~제21분,
다섯째 날은 제22분~제32분까지 나누어서 쓰는 것도 한 방법입니다.
이 경우 사경기도는 1시간이면 충분하며, 이렇게 금강경을 20번 쓰면
총 1백 일이 걸립니다.

③ 매일 쓰다가 부득이한 일이 발생하여 못 쓰게 될 경우가 있습니다. 그
때는 꼭 부처님께 못 쓰게 된 사정을 고하여 마음속으로 '다음 날 또는
사경 기간을 하루 더 연장하여 반드시 쓰겠다'고 약속하면 됩니다.

※ 사경을 할 때는 1B 또는 2B 정도의 진한 연필(샤프)이나 볼펜 또는 가는
수성펜 등으로 쓰는 것이 좋습니다.

깊은 믿음으로 환희심을 품고 금강경 사경을 하면 대우주 법계에 가득
한 부처님의 가피를 입어, 소원을 원만하게 성취함은 물론이요 크나큰 향
상과 깨달음이 함께 한다고 하였습니다. 여법히 잘 사경하시기를 두 손
모아 축원드립니다. 나무금강반야바라밀경.

금강경 사경기도 발원문

개경게 開經偈

가장높고 심히깊은 부처님법문	무상심심미묘법 無上甚深微妙法
백천만겁 지나간들 어찌만나리	백천만겁난조우 百千萬劫難遭遇
저희이제 보고듣고 받아지녀서	아금문견득수지 我今聞見得受持
부처님의 진실한뜻 깨치오리다	원해여래진실의 願解如來眞實意

개법장진언 開法藏眞言

옴 아라남 아라다 (3번)

나무금강반야바라밀경 (3번)

금 강 반 야 바 라 밀 경
金剛般若波羅蜜經

法會因由分법회인유분 제일

여시아문
如是我聞하사오니

일시 불 재사위국기수급고독원 여
一時에佛이在舍衛國祇樹給孤獨園하사與

대비구중천이백오십인 구
大比丘衆千二百五十人과俱러시니

이시세존 식시 착의지발 입사위
爾時에世尊이食時에着衣持鉢하시고入舍衛

대성 걸식 어기성중 차제걸이
大城하사乞食하시되於其城中에次第乞已하시고

환지본처 반사흘 수의발 세족
還至本處하사飯食訖하시고收衣鉢하시며洗足

이 부좌이좌
已하시고敷座而坐하시다

善現起請分 선현기청분 제이

時_에長老須菩提－在大衆中_{하시다가}卽從座

起_{하사}偏袒右肩_{하시며}右膝着地_{하시고}合掌恭

敬_{하사와}而白佛言_{하사대}

希有世尊_하如來－善護念諸菩薩_{하시며}善

付囑諸菩薩_{하시나니}

世尊_하善男子善女人_이發阿耨多羅三藐

三菩提心_{하노니}應云何住_며云何降伏其

心_{하리닛고}

佛言_{하사대}

善哉善哉_라須菩提_야如汝所説_{하야}如來－

善護念諸菩薩_{하시며}善付囑諸菩薩_{하시나니}

汝今諦聽하라 當爲汝說하리라.

善男子善女人이 發阿耨多羅三藐三菩提心한다하여 應如是住하며 如是降伏其心이니라

唯然世尊하 願樂欲聞하노이다

大乘正宗分대승정종분 제삼

佛告須菩提하사대

諸菩薩摩訶薩이 應如是降伏其心이니 所有一切衆生之類ー若卵生 若胎生 若濕生 若化生 若有色 若無色 若有想 若無想 若非有想非無想을 我皆令入無餘

涅槃하야 而滅度之하니라

如是滅度無量無數無邊衆生호대實無衆生이得滅度者라何以故오須菩提야若菩薩이有我相人相衆生相壽者相하면卽非菩薩이니라

妙行無住分묘행무주분 제사

復次須菩提야菩薩이於法에應無所住하야行於布施니所謂不住色布施며不住聲香味觸法布施니라

須菩提야菩薩이應如是布施하야不住於相이니何以故오若菩薩이不住相布施하면其福德이不可思量이니라

須菩提야 於意云何오 東方虛空을 可思量

不아

不也니이다 世尊하

須菩提야 南西北方四維上下虛空을 可思

量不아

不也니이다 世尊하

須菩提야 菩薩의 無住相布施福德도 亦復

如是하야 不可思量이니라 須菩提야 菩薩ㅡ但

應如所教住니라

如理實見分여리실견분 제오

須菩提야 於意云何오 可以身相으로 見如來

부
不아

불야 세존 불가이신상 득견여래
不也니이다 世尊하 不可以身相으로 得見如來니

하이고 여래소설신상 즉비신상
何以故오 如來所說身相은 卽非身相이니이다

불고수보리
佛告須菩提하사대

범소유상
凡所有相이

개시허망
皆是虛妄하나니

약견제상비상
若見諸相非相이면

즉견여래
卽見如來니라

正信希有分정신희유분 제육

수보리 백불언
須菩提─白佛言하사대

世尊_하頗有衆生_이得聞如是言説章句_{하읍고}

生實信不_{니잇가}

佛告須菩提_{하사대}

莫作是説_{하라}如來滅後一後五百歲_에有

持戒修福者一於此章句_에能生信心_{하야}

以此爲實_{하리니}當知一是人_은不於一佛二

佛三四五佛_에而種善根_{이라}已於無量千

萬佛所_에種諸善根_{하야}聞是章句_{하고}乃至

一念生淨信者_{니라}

須菩提_야如來一悉知悉見_{하노니}是諸衆生_이

得如是無量福德_{이니라}何以故_오是諸衆

生_이無復我相人相衆生相壽者相_{하며}無

法相하며 亦無非法相이니라

何以故오 是諸衆生이 若心取相하면 即爲着

我人衆生壽者니 若取法相이라도 即着我人

衆生壽者며 何以故오 若取非法相이라도 即

着我人衆生壽者니라

是故로 不應取法이며 不應取非法이니

以是義故로 如來ㅡ常說호대 汝等比丘ㅡ知

我說法을 如筏喻者라하노니 法尚應捨어던 何

況非法이라

無得無說分무득무설분 제칠

須菩提야 於意云何오 如來得阿耨多羅三

藐三菩提耶아 如來有所說法耶아

須菩提言하사대

如我解佛所說義컨댄 無有定法名阿耨多

羅三藐三菩提며 亦無有定法如來可說이니

何以故오 如來所說法은 皆不可取며 不可

說이며 非法이며 非非法이니

所以者何오 一切賢聖이 皆以無爲法으로 而

有差別이니이다

依法出生分의법출생분 제팔

須菩提야 於意云何오 若人이 滿三千大千

世界七寶로 以用布施하면 是人의 所得福德이

寧爲多不아

須菩提言하사대

甚多니이다 世尊하 何以故오 是福德이 卽非福

德性일새 是故로 如來說福德多니이다

若復有人이 於此經中에 受持乃至四句偈

等하야 爲他人說하면 其福이 勝彼하리니 何以故오

須菩提야 一切諸佛과 及諸佛－阿耨多羅

三藐三菩提法이 皆從此經出이니 須菩提야

所謂佛法者는 卽非佛法이니라

一相無相分 일상무상분 제구

須菩提야 於意云何오 須陀洹이 能作是念하대

我得須陀洹果不아

須菩提言하사대

不也니이다世尊하何以故오須陀洹은名爲入

流로대而無所入이니不入色聲香味觸法일새

是名須陀洹이니이다

須菩提야於意云何오斯陀含이能作是念호대

我得斯陀含果不아

須菩提言하사대

不也니이다世尊하何以故오斯陀含은名一往

來로대而實無往來일새是名斯陀含이니이다

須菩提야於意云何오阿那含이能作是念호대

我得阿那含果不아

須菩提言하사대

不也니이다 世尊하 何以故오 阿那含은 名爲不

來로대 而實無不來일새 是故로 名阿那含이니이다

須菩提야 於意云何오 阿羅漢이 能作是念호대

我得阿羅漢道不아

須菩提言하사대

不也니이다 世尊하 何以故오 實無有法 名阿

羅漢이니 世尊하 若阿羅漢이 作是念하대 我得

阿羅漢道라하면 卽爲着我人衆生壽者니이다

世尊하 佛說我得無諍三昧人中 最爲

第一이라 是第一離欲阿羅漢이라하시나 世尊하

我不作是念하대 我是離欲阿羅漢이라하노이다

世尊하 我若作是念하대 我得阿羅漢道라하면

世尊이 卽不説須菩提 是樂阿蘭那行

者라하시려니와 以須菩提가 實無所行일새 而名

須菩提가 是樂阿蘭那行이라하시나이다

莊嚴淨土分 장엄정토분 제십

佛告須菩提하사대

於意云何오 如來 昔在燃燈佛所하야 於法에

有所得不아

不也니이다 世尊하 如來 在燃燈佛所하사 於法에

實無所得이니이다

須菩提야 於意云何오 菩薩이 莊嚴佛土不아

不也니이다 世尊하 何以故오 莊嚴佛土者는 卽
非莊嚴일새 是名莊嚴이니이다
是故로 須菩提야 諸菩薩摩訶薩이 應如是
生淸淨心이니 不應住色生心하며 不應住聲
香味觸法生心이요 應無所住하야 而生其
心이니라
須菩提야 譬如有人이 身如須彌山王하면 於
意云何오 是身이 爲大不아
須菩提言하사대
甚大니이다 世尊하 何以故오 佛說非身이 是名
大身이니이다

無爲福勝分 무위복승분 제십일

須菩提야 如恒河中所有沙數하야 如是沙
等恒河 - 於意云何오 是諸恒河沙 - 寧
爲多不아 須菩提言 하사대
甚多니이다 世尊하 但諸恒河도 尚多無數온 何
況其沙리잇가
須菩提야 我今實言으로 告汝하노니 若有善男
子善女人이 以七寶로 滿爾所恒河沙數
三千大千世界하야 以用布施하면 得福이 多
不아
須菩提言하사대

甚多^{심다}니이다 世尊^{세존}하

佛告須菩提^{불고수보리}하사대

若善男子善女人^{약선남자선여인}이 於此經中^{어차경중}에 乃至受持^{내지수지}

四句偈等^{사구게등}하야 爲他人說^{위타인설}하면 而此福德^{이차복덕}이 勝^승

前福德^{전복덕}하리라

尊重正教分존중정교분 제십이

復次須菩提^{부차수보리}야 隨說是經^{수설시경}하대 乃至四句偈^{내지사구게}

等^등하면 當知此處^{당지차처}는 一切世間天人阿修羅^{일체세간천인아수라}一

皆應供養^{개응공양}을 如佛塔廟^{여불탑묘}어든 何況有人^{하황유인}이 盡能^{진능}

受持讀誦^{수지독송}가

須菩提^{수보리}야 當知是人^{당지시인}은 成就最上第一希有^{성취최상제일희유}

之法이니 若是經典所在之處는 卽爲有佛과

若尊重弟子니라

如法受持分여법수지분 제십삼

爾時에 須菩提一白佛言하사대

世尊하 當何名此經이며 我等이 云何奉持리잇고

佛告須菩提하사대

是經은 名爲金剛般若波羅蜜이니 以是名

字로 汝當奉持하라 所以者何오 須菩提야 佛

說般若波羅蜜이 卽非般若波羅蜜일새 是

名般若波羅蜜이니라

須菩提야 於意云何오 如來一有所說法不아

須菩提-白佛言하사대

世尊하如來-無所說이니이다

須菩提야於意云何오三千大千世界所有

微塵이是爲多不아

須菩提言하사대

甚多니이다世尊하

須菩提야諸微塵을如來說非微塵일새是名

微塵이며如來說世界-非世界일새是名世

界니라

須菩提야於意云何오可以三十二相으로見

如來不아

不也니이다世尊하不可以三十二相으로得見

如來니 何以故오 如來說三十二相이 卽是
非相일새 是名三十二相이니이다
須菩提야 若有善男子善女人이 以恒河沙
等身命으로 布施어든 若復有人이 於此經中에
乃至受持四句偈等하야 爲他人說하면 其福이
甚多니라

離相寂滅分 이상적멸분 제십사

爾時에 須菩提ㅣ 聞說是經하사옵고 深解義
趣하사 涕淚悲泣而白佛言하사대
希有世尊하 佛說如是甚深經典은 我從昔
來所得慧眼으로 未曾得聞如是之經이니이다

世尊하 若復有人이 得聞是經하고 信心淸
淨하면 卽生實相하리니 當知是人은 成就第一
希有功德이니이다

世尊하 是實相者는 卽是非相일새 是故로 如
來說名實相이니이다

世尊하 我今得聞如是經典하고 信解受持는
不足爲難이어니와 若當來世後五百歲에 其
有衆生이 得聞是經하고 信解受持하면 是人은
卽爲第一希有니이다 何以故오 此人은 無我
相이며 無人相이며 無衆生相이며 無壽者相이니
所以者何오 我相이 卽是非相이며 人相衆生
相壽者相이 卽是非相이라 何以故오 離一切

諸相이卽名諸佛이니이다

佛告須菩提하사대

如是如是하다若復有人이得聞是經하고不

驚不怖不畏하면當知是人은甚爲希有니何

以故오須菩提야如來說第一波羅蜜이卽

非第一波羅蜜일새是名第一波羅蜜이니라

須菩提야忍辱波羅蜜도如來說非忍辱波

羅蜜일새是名忍辱波羅蜜이니라

何以故오須菩提야如我昔爲歌利王에割

截身體하야我於爾時에無我相하며無人相하며

無衆生相하며無壽者相하니라何以故오我於

往昔―節節支解時에若有我相人相衆

生相壽者相이면 應生瞋恨일러니라

須菩提야 又念過去於五百世에 作忍辱仙
人하야 於爾所世에 無我相하며 無人相하며 無
衆生相하며 無壽者相하니라

是故로 須菩提야 菩薩은 應離一切相하고 發
阿耨多羅三藐三菩提心이니 不應住色生
心하며 不應住聲香味觸法生心이요 應生無
所住心이니라

若心有住하면 卽爲非住니 是故로 佛說菩薩이
心不應住色布施라하느니라

須菩提야 菩薩이 爲利益一切衆生하야 應如
是布施니 如來說一切諸相이 卽是非相이며

又說一切衆生이卽非衆生이니라

須菩提야如來는是眞語者며實語者며如語

者며不誑語者며不異語者니라

須菩提야如來所得法인此法은無實無

虛하니라

須菩提야若菩薩이心住於法하야而行布

施하면如人이入暗에卽無所見이요

若菩薩이心不住法하야而行布施하면如人이

有目하야日光明照에見種種色이니라

須菩提야當來之世에若有善男子善女

人이能於此經에受持讀誦하면卽爲如來가

以佛智慧로悉知是人하며悉見是人하야皆

득 성 취 무 량 무 변 공 덕
得成就無量無邊功德하나리

持經功德分지경공덕분 제십오

수 보 리 약 유 선 남 자 선 여 인 초 일 분
須菩提야若有善男子善女人이初日分에

이 항 하 사 등 신 보 시 중 일 분 부 이
以恒河沙等身으로布施하며中日分에復以

항 하 사 등 신 보 시 후 일 분 역 이 항
恒河沙等身으로布施하며後日分에亦以恒

하 사 등 신 보 시 여 시 무 량 백 천 만
河沙等身으로布施하야如是無量百千萬

억 겁 이 신 보 시 약 부 유 인 문 차 경
億劫을以身布施하야도若復有人이聞此經

전 신 심 불 역 기 복 승 피 하 황 서
典하고信心不逆하면其福이勝彼어든何況書

사 수 지 독 송 위 인 해 설
寫受持讀誦하야爲人解說가

수 보 리 이 요 언 지 시 경 유 불 가 사 의
須菩提야以要言之컨댄是經은有不可思議

불 가 칭 량 무 변 공 덕 여 래 위 발 대
不可稱量無邊功德하나니如來一爲發大

乘者說이며 爲發最上乘者說이니라

若有人이 能受持讀誦하야 廣爲人說하면 如

來ㅣ 悉知是人하며 悉見是人하야 皆得成就不

可量不可稱無有邊不可思議功德하리니

如是人等은 卽爲荷擔如來阿耨多羅三

藐三菩提라

何以故오 須菩提야 若樂小法者는 着我見

人見衆生見壽者見일새 卽於此經에 不能

聽受讀誦하야 爲人解說이니라

須菩提야 在在處處에 若有此經하면 一切世

間天人阿修羅의 所應供養이니

當知此處는 卽爲是塔이라 皆應恭敬一作

禮圍繞하야 以諸華香으로 而散其處하리라

能淨業障分능정업장분 제십육

復次須菩提야 善男子善女人이 受持讀誦
此經하대 若爲人輕賤하면 是人이 先世罪業으로
應墮惡道로대 以今世人이 輕賤故로 先世罪
業이 卽爲消滅하고 當得阿耨多羅三藐三
菩提하리라

須菩提야 我念過去無量阿僧祇劫하니 於
燃燈佛前에 得值八百四千萬億那由他
諸佛하야 悉皆供養承事하대 無空過者어니와
若復有人이 於後末世에 能受持讀誦此

經_{하면} 所得功德_이 於我所供養諸佛功

德_{으로} 百分不及一_{이며} 千萬億分乃至算數

譬喩_로 所不能及_{하리라}

須菩提_야 若善男子善女人_이 於後末世_에

有受持讀誦此經_{하는} 所得功德_을 我若具

說者_면 或有人_이 聞_{하고} 心卽狂亂_{하야} 狐疑不

信_{하리니}

須菩提_야 當知是經_은 義不可思議_{하며} 果報

亦不可思議_{니라}

究竟無我分 구경무아분 제십칠

爾時_에 須菩提ㅣ 白佛言_{하사대}

世尊하 善男子善女人이 發阿耨多羅三
藐三菩提心인댄 云何應住며 云何降伏其
心하리잇고

佛告須菩提하사대

若善男子善女人이 發阿耨多羅三藐三
菩提心者는 當生如是心이니 我應滅度一
切衆生하리라하야 滅度一切衆生已라도 而無有
一衆生도 實滅度者니라 何以故오 須菩提야
若菩薩이 有我相人相衆生相壽者相이면
卽非菩薩이니

所以者何오 須菩提야 實無有法一發阿耨
多羅三藐三菩提心者니라

須菩提야 於意云何오 如來 - 於燃燈佛

所에 有法得 - 阿耨多羅三藐三菩提不아

不也니이다 世尊하 如我解 - 佛所說義컨댄佛이

於燃燈佛所에 無有法得 - 阿耨多羅三

藐三菩提니이다

佛言하사대

如是如是니라 須菩提야 實無有法如來得 -

阿耨多羅三藐三菩提니라

須菩提야 若有法如來得 - 阿耨多羅三

藐三菩提者인댄 燃燈佛이 即不與我授

記하사대 汝於來世에 當得作佛하대 號를釋迦

牟尼어니와 以實無有法得阿耨多羅三藐

三菩提일새是故로燃燈佛이與我授記하사

作是言하사대汝於來世에當得作佛하야號를

釋迦牟尼라하시니何以故오如來者는卽諸法

如義니라

若有人이言如來得阿耨多羅三藐三菩

提라하면須菩提야實無有法佛得阿耨多羅

三藐三菩提라

須菩提야如來所得阿耨多羅三藐三菩

提는於是中에無實無虛라是故로如來說一

切法이皆是佛法이라하니라

須菩提야所言一切法者는卽非一切法일새

是故名一切法이니須菩提야譬如人身長

大하니라

須菩提言하사대

世尊하 如來說人身長大ㅣ 卽爲非大身일새

是名大身이니이다

須菩提야 菩薩도 亦如是하야 若作是言하대 我

當滅度無量衆生하리라하면 卽不名菩薩이니 何

以故오 須菩提야 實無有法ㅣ 名爲菩薩이니

是故로 佛說一切法이 無我無人無衆生無

壽者라하노라

須菩提야 若菩薩이 作是言하대 我當莊嚴佛

土라하면 是不名菩薩이니 何以故오 如來說莊

嚴佛土者는 卽非莊嚴일새 是名莊嚴이니라

須菩提_야若菩薩_이通達無我法者_는如來
說名眞是菩薩_{이니라}

一體同觀分 일체동관분 제십팔

須菩提_야於意云何_오如來有肉眼不_아
如是世尊_하如來有肉眼_{이니이다}
須菩提_야於意云何_오如來有天眼不_아
如是世尊_하如來有天眼_{이니이다}
須菩提_야於意云何_오如來有慧眼不_아
如是世尊_하如來有慧眼_{이니이다}
須菩提_야於意云何_오如來有法眼不_아
如是世尊_하如來有法眼_{이니이다}

須菩提야 於意云何오 如來有佛眼不아

如是世尊하 如來有佛眼이니이다

須菩提야 於意云何오 如恒河中所有沙를

佛說是沙不아

如是世尊하 如來說是沙니이다

須菩提야 於意云何오 如一恒河中所有

沙하야 有如是沙等恒河어든 是諸恒河所有

沙數佛世界가 如是寧爲多不아

甚多니이다 世尊하

佛告須菩提하사대

爾所國土中所有衆生하야 若干種心을 如

來悉知하노니 何以故오 如來說諸心이 皆爲

非心_{비심}일새 是名爲心_{시명위심}이니

所以者何_{소이자하}오 須菩提_{수보리}야

過去心不可得_{과거심불가득}이며

現在心不可得_{현재심불가득}이며

未來心不可得_{미래심불가득}이니라

法界通化分법계통화분 제십구

須菩提_{수보리}야 於意云何_{어의운하}오 若有人_{약유인}이 滿三千大_{만삼천대}

千世界七寶_{천세계칠보}로 以用布施_{이용보시}하면 是人_{시인}이 以是因_{이시인}

緣_연으로 得福多不_{득복다부}아

如是世尊_{여시세존}하 此人_{차인}이 以是因緣_{이시인연}으로 得福甚_{득복심}

多_다니이다

須菩提야 若福德이 有實인댄 如來不說得福德多어니와 以福德이 無故로 如來說得福德多니라

離色離相分이색이상분 제이십

須菩提야 於意云何오 佛을 可以具足色身으로 見不아

不也니이다 世尊하 如來를 不應以具足色身으로 見이니 何以故오 如來說具足色身이 卽非具足色身일새 是名具足色身이니이다

須菩提야 於意云何오 如來를 可以具足諸相으로 見不아

不也_{니이다}世尊_하如來_를不應以具足諸相_{으로}
見_{이니}何以故_오如來說諸相具足_이卽非具
足_{일새}是名諸相具足_{이니이다}

非說所說分 비설소설분 제이십일

須菩提_야汝勿謂如來作是念_{하대}我當有
所說法_{이라하리}莫作是念_{이니}何以故_오若人_이
言如來 — 有所說法_{이라하면}卽爲謗佛_{이라}不
能解我所說故_{니라}
須菩提_야說法者_는無法可說_이是名說
法_{이니라}
爾時_에慧命須菩提 — 白佛言_{하사대}

世尊하 頗有衆生이 於未來世에 聞說是
法하고 生信心不잇가

佛言하사대

須菩提야 彼非衆生이며 非不衆生이니 何以
故오 須菩提야 衆生衆生者는 如來說非衆
生일새 是名衆生이니라

無法可得分무법가득분 제이십이

須菩提ㅡ 白佛言하사대

世尊하 佛이 得阿耨多羅三藐三菩提는 爲
無所得耶잇가

佛言하사대

如是如是하다 須菩提야 我於阿耨多羅三

藐三菩提에 乃至無有少法可得일새 是名

阿耨多羅三藐三菩提니라

淨心行善分정심행선분 제이십삼

復次須菩提야 是法이 平等하야 無有高下일새

是名阿耨多羅三藐三菩提니 以無我無

人無衆生無壽者로 修一切善法하면 即得

阿耨多羅三藐三菩提하리라

須菩提야 所言善法者는 如來說即非善

法일새 是名善法이니라

福智無比分복지무비분 제이십사

須菩提야若三千大千世界中에所有諸須
彌山王一如是等七寶聚를有人이持用布
施라도若人이以此般若波羅蜜經으로乃至
四句偈等을受持讀誦하며爲他人說하면於
前福德으로百分에不及一이며百千萬億分과
乃至算數譬喻로所不能及이니라

化無所化分화무소화분 제이십오

須菩提야於意云何오汝等은勿謂如來一
作是念하대我當度衆生이라하리라
須菩提야莫作是念이니何以故오實無有衆

生^생 一 如來度者^{여래도자}니 若有衆生^{약유중생}을 如來度者^{여래도자}면

如來^{여래} 一 卽有我人衆生壽者^{즉유아인중생수자}니라

須菩提^{수보리}야 如來說有我者^{여래설유아자}는 卽非有我^{즉비유아}어늘 而^이

凡夫之人^{범부지인}이 以爲有我^{이위유아}니 須菩提^{수보리}야 凡夫者^{범부자}는

如來說卽非凡夫^{여래설즉비범부}일새 是名凡夫^{시명범부}니라

法身非相分법신비상분 제이십육

須菩提^{수보리}야 於意云何^{어의운하}오 可以三十二相^{가이삼십이상}으로 觀^관

如來不^{여래부}아

須菩提言^{수보리언}하사대

如是如是^{여시여시}니이다 以三十二相^{이삼십이상}으로 觀如來^{관여래}니이다

佛言^{불언}하사대

須菩提야 若以三十二相으로 觀如來者인댄

轉輪聖王도 卽是如來로다

須菩提─白佛言하사대

世尊하 如我解佛所說義컨댄 不應以三十

二相으로 觀如來니이다

爾時에 世尊이 而說偈言하사대

若以色見我커나

以音聲求我하면

是人行邪道라

不能見如來니라

無斷無滅分무단무멸분 제이십칠

수보리 여약 작시념 여래 불이구
須菩提야 汝若作是念하대 如来ㅣ 不以具

족 상고 득아녹다라삼먁삼보리 수보
足相故로 得阿耨多羅三藐三菩提아 須菩

리 막작시념 여래 불이구족상고
提야 莫作是念ㅣ 如来ㅣ 不以具足相故로

득아녹다라삼먁삼보리
得阿耨多羅三藐三菩提라하리

수보리 여약 작시념 발아녹다라삼
須菩提야 汝若作是念하대 發阿耨多羅三

먁삼보리심자 설제법단멸 막작시
藐三菩提心者는 説諸法斷滅가 莫作是

념 하이고 발아녹다라삼먁삼보리
念이니 何以故오 發阿耨多羅三藐三菩提

심자 어법 불설단멸상
心者는 於法에 不説斷滅相이니라

不受不貪分불수불탐분 제이십팔

수보리 약보살 이만항하사등세계칠
須菩提야 若菩薩이 以滿恒河沙等世界七

寶로持用布施라도若復有人이知一切法無

我하야得成於忍하면此菩薩이勝前菩薩의所

得功德이니何以故오須菩提以諸菩薩이不

受福德故니라

須菩提-白佛言하사대

世尊하云何菩薩이不受福德이닛고

須菩提야菩薩의所作福德은不應貪着일새

是故로說-不受福德이니라

威儀寂靜分위의적정분 제이십구

須菩提야若有人이言하대如來-若來若去

若坐若臥라하면是人은不解我-所說義니何

以故오 如来者는 無所從來며 亦無所去일새

故名如來니라

一合理相分 일합이상분 제삼십

須菩提야 若善男子善女人이 以三千大千

世界로 碎爲微塵하면 於意云何오 是微塵

衆이 寧爲多不아

須菩提言하되

甚多니이다 世尊하 何以故오 若是微塵衆이 實

有者인댄 佛이 卽不說是微塵衆이니

所以者何오 佛說微塵衆이 卽非微塵衆일새

是名微塵衆이니이다

世尊하 如來 ㅣ 所說三千大千世界가 卽非
世界일새 是名世界니 何以故오 若世界ㅣ 實
有者인댄 卽是一合相이어니와 如來說一合相은
卽非一合相일새 是名一合相이니이다
須菩提야 一合相者는 卽是不可說이어늘 但
凡夫之人이 貪着其事니라

知見不生分지견불생분 제삼십일

須菩提야 若人이 言ㅣ 佛說我見人見衆生
見壽者見이라하면 須菩提야 於意云何오 是
人이 解我所說義不아
不也니이다 世尊하 是人은 不解如來所說義니

何以故오世尊이說我見人見衆生見壽者
見은卽非我見人見衆生見壽者見일새是
名我見人見衆生見壽者見이니이다
須菩提야發阿耨多羅三藐三菩提心者는
於一切法에應如是知하며如是見하며如是
信解하야不生法相이니
須菩提야所言法相者는如來說卽非法
相일새是名法相이니라

應化非眞分응화비진분 제삼십이

須菩提야若有人이以滿無量阿僧祇世
界一七寶로持用布施라도若有善男子善

女人이 發菩薩心者ㅣ 持於此經하야 乃至

四句偈等을 受持讀誦하며 爲人演説하는 其

福이 勝彼하리니

云何爲人演説고 不取於相하고 如如不

動하랴 何以故오

一切有爲法이

如夢幻泡影하며

如露亦如電이라

應作如是觀이니라

佛説是經已하시니 長老須菩提와 及諸比丘

比丘尼_와優婆塞優婆夷_와一切世間一天

人阿修羅_가聞佛所說_{하옵고}皆大歡喜_{하야}信

受奉行_{하니라}

금 강 반 야 바 라 밀 경
金剛般若波羅蜜經

法會因由分 법회인유분 제일

여 시 아 문
如是我聞하사오니

일 시 불 재 사 위 국 기 수 급 고 독 원 여
一時에佛이在舍衛國祇樹給孤獨園하사與

대 비 구 중 천 이 백 오 십 인 구
大比丘衆千二百五十人과俱러시니

이 시 세 존 식 시 착 의 지 발 입 사 위
爾時에世尊이食時에着衣持鉢하시고入舍衛

대 성 걸 식 어 기 성 중 차 제 걸 이
大城하사乞食하시되於其城中에次第乞已하시고

환 지 본 처 반 사 흘 수 의 발 세 족
還至本處하사飯食訖하시고收衣鉢하시며洗足

이 부 좌 이 좌
已하시고敷座而坐하시다

善現起請分 선현기청분 제이

時^에長老須菩提ー在大衆中^{하시다가}卽從座

起^{하사}偏袒右肩^{하시며}右膝着地^{하시고}合掌恭

敬^{하사와}而白佛言^{하사대}

希有世尊^하如來ー善護念諸菩薩^{하시며}善

付囑諸菩薩^{하시나니}

世尊^하善男子善女人^이發阿耨多羅三藐

三菩提心^{하노니}應云何住^며云何降伏其

心^{하리닛고}

佛言^{하사대}

善哉善哉^라須菩提^야如汝所說^{하야}如來ー

善護念諸菩薩^{하시며}善付囑諸菩薩^{하시나니}

汝今諦聽하리 當爲汝說하리라.

善男子善女人이 發阿耨多羅三藐三菩提心한다하여 應如是住하며 如是降伏其心이니라

唯然世尊하 願樂欲聞하노이다

大乘正宗分대승정종분 제삼

佛告須菩提하사대

諸菩薩摩訶薩이 應如是降伏其心이니 所有一切衆生之類 ― 若卵生 若胎生 若濕生 若化生 若有色 若無色 若有想 若無想 若非有想非無想을 我皆令入無餘涅槃하야 而滅度之하니라

如是滅度無量無數無邊衆生호대 實無衆
生이 得滅度者라 何以故오 須菩提야 若菩
薩이 有我相人相衆生相壽者相하면 卽非
菩薩이니라

妙行無住分묘행무주분 제사

復次須菩提야 菩薩이 於法에 應無所住하야
行於布施니 所謂不住色布施며 不住聲香
味觸法布施니라
須菩提야 菩薩이 應如是布施하야 不住於
相이니 何以故오 若菩薩이 不住相布施하면 其
福德이 不可思量이니라

須菩提야 於意云何오 東方虛空을 可思量

不아

不也니이다 世尊하

須菩提야 南西北方四維上下虛空을 可思

量不아

不也니이다 世尊하

須菩提야 菩薩의 無住相布施福德도 亦復

如是하야 不可思量이니라 須菩提야 菩薩一但

應如所教住니라

如理實見分여리실견분 제오

須菩提야 於意云何오 可以身相으로 見如來

부
不아

불 야　　　세존　불가이신상　　득견여래
不也니이다 世尊하 不可以身相으로 得見如來니

하이고　여래소설신상　즉비신상
何以故오 如來所說身相은 卽非身相이니이다

불고수보리
佛告須菩提하사대

범소유상
凡所有相이

개시허망
皆是虛妄하나니

약견제상비상
若見諸相非相이면

즉견여래
卽見如來니라

正信希有分정신희유분 제육

수보리　백불언
須菩提－白佛言하사대

世尊하 頗有衆生이 得聞如是言說章句하읍고

生實信不니잇가

佛告須菩提하사대

莫作是說하라 如來滅後 一 後五百歲에 有

持戒修福者 一 於此章句에 能生信心하야

以此爲實하리니 當知 一 是人은 不於一佛二

佛三四五佛에 而種善根이라 已於無量千

萬佛所에 種諸善根하야 聞是章句하고 乃至

一念生淨信者니라

須菩提야 如來 一 悉知悉見하노니 是諸衆生이

得如是無量福德이니라 何以故오 是諸衆

生이 無復我相人相衆生相壽者相하며 無

法相하며 亦無非法相이니라

何以故오 是諸衆生이 若心取相하면 卽爲着

我人衆生壽者니 若取法相이라도 卽着我人

衆生壽者며 何以故오 若取非法相이라도 卽

着我人衆生壽者니라

是故로 不應取法이며 不應取非法이니

以是義故로 如來ㅡ常説호대 汝等比丘ㅡ知

我説法을 如筏喩者라하노니 法尚應捨어던 何

況非法이라

無得無說分무득무설분 제칠

須菩提야 於意云何오 如來得阿耨多羅三

藐三菩提耶아 如來有所說法耶아

須菩提言하사대

如我解佛所說義컨댄 無有定法名阿耨多

羅三藐三菩提며 亦無有定法如來可說이니

何以故오 如來所說法은 皆不可取며 不可

說이며 非法이며 非非法이니

所以者何오 一切賢聖이 皆以無爲法으로 而

有差別이니이다

依法出生分의법출생분 제팔

須菩提야 於意云何오 若人이 滿三千大千

世界七寶로 以用布施하면 是人의 所得福德이

寧爲多不아

須菩提言하사대

甚多니이다 世尊하 何以故오 是福德이 即非福

德性일새 是故로 如來說福德多니이다

若復有人이 於此經中에 受持乃至四句偈

等하야 爲他人說하면 其福이 勝彼하리니 何以故오

須菩提야 一切諸佛과 及諸佛ㅣ 阿耨多羅

三藐三菩提法이 皆從此經出이니 須菩提야

所謂佛法者는 即非佛法이니라

一相無相分일상무상분 제구

須菩提야 於意云何오 須陀洹이 能作是念하대

아 득 수 다 원 과 부
我得須陀洹果不아

수 보 리 언
須菩提言하사대

불 야 세 존 하 이 고 수 다 원 명 위 입
不也니이다 世尊하 何以故오 須陀洹은 名爲入

류 이 무 소 입 불 입 색 성 향 미 촉 법
流로대 而無所入이니 不入色聲香味觸法일새

시 명 수 다 원
是名須陀洹이니이다

수 보 리 어 의 운 하 사 다 함 능 작 시 념
須菩提야 於意云何오 斯陀含이 能作是念호대

아 득 사 다 함 과 부
我得斯陀含果不아

수 보 리 언
須菩提言하사대

불 야 세 존 하 이 고 사 다 함 명 일 왕
不也니이다 世尊하 何以故오 斯陀含은 名一往

래 이 실 무 왕 래 시 명 사 다 함
來로대 而實無往來일새 是名斯陀含이니이다

수 보 리 어 의 운 하 아 나 함 능 작 시 념
須菩提야 於意云何오 阿那含이 能作是念호대

아 득 아 나 함 과 부
我得阿那含果不아

須菩提言하사대

不也니이다 世尊하 何以故오 阿那含은 名爲不

來로대 而實無不來일새 是故로 名阿那含이니이다

須菩提야 於意云何오 阿羅漢이 能作是念호대

我得阿羅漢道不아

須菩提言하사대

不也니이다 世尊하 何以故오 實無有法—名阿

羅漢이니 世尊하 若阿羅漢이 作是念하대 我得

阿羅漢道라하면 即爲着我人衆生壽者니이다

世尊하 佛說我得無諍三昧人中—最爲

第一이라 是第一離欲阿羅漢이라하시나 世尊하

我不作是念하대 我是離欲阿羅漢이라하노이다

世尊하我若作是念하대我得阿羅漢道라하면

世尊이卽不說須菩提－是樂阿蘭那行

者라하시려니와以須菩提가實無所行일새而名

須菩提가是樂阿蘭那行이라하시나이다

莊嚴淨土分 장엄정토분 제십

佛告須菩提하사대

於意云何오如來 昔在燃燈佛所하야於法에

有所得不아

不也니이다世尊하如來 在燃燈佛所하사於法에

實無所得이니이다

須菩提야於意云何오菩薩이莊嚴佛土不아

不也니이다 世尊하 何以故오 莊嚴佛土者는 卽
非莊嚴일새 是名莊嚴이니이다

是故로 須菩提야 諸菩薩摩訶薩이 應如是
生淸淨心이니 不應住色生心하며 不應住聲
香味觸法生心이요 應無所住하야 而生其
心이니라

須菩提야 譬如有人이 身如須彌山王하면 於
意云何오 是身이 爲大不아

須菩提言하사대

甚大니이다 世尊하 何以故오 佛說非身이 是名
大身이니이다

無爲福勝分무위복승분 제십일

須菩提_야如恒河中所有沙數_{하야}如是沙
等恒河-於意云何_오是諸恒河沙-寧
爲多不_{아시제항하사}
須菩提言_{하사대}
甚多_{니이다}世尊_하但諸恒河_도尚多無數_온何
況其沙_{리잇가}
須菩提_야我今實言_{으로}告汝_{하노니}若有善男
子善女人_이以七寶_로滿爾所恒河沙數
三千大千世界_{하야}以用布施_{하면}得福_이多
不_아
須菩提言_{하사대}

심다　세존
甚多 니이다 世尊 하

불 고 수 보 리
佛告須菩提 하사대

약 선 남 자 선 여 인 　어 차 경 중 　내 지 수 지
若善男子善女人 이 於此經中 에 乃至受持

사 구 게 등 　위 타 인 설 　이 차 복 덕 　승
四句偈等 하야 爲他人説 하면 而此福德 이 勝

전 복 덕
前福德 하리라

尊重正敎分존중정교분 제십이

부 차 수 보 리 　수 설 시 경 　내 지 사 구 게
復次須菩提 야 隨説是經 하대 乃至四句偈

등 　당 지 차 처 　일 체 세 간 천 인 아 수 라
等 하면 當知此處 는 一切世間天人阿修羅 一

개 응 공 양 　여 불 탑 묘 　하 황 유 인 　진 능
皆應供養 을 如佛塔廟 어든 何況有人 이 盡能

수 지 독 송
受持讀誦 가

수 보 리 　당 지 시 인 　성 취 최 상 제 일 희 유
須菩提 야 當知是人 은 成就最上第一希有

之法이니 若是經典所在之處는 卽爲有佛과

若尊重弟子니라

如法受持分 여법수지분 제십삼

爾時에 須菩提- 白佛言하사대

世尊하 當何名此經이며 我等이 云何奉持리잇고

佛告須菩提하사대

是經은 名爲金剛般若波羅蜜이니 以是名

字로 汝當奉持하리 所以者何오 須菩提야 佛

說般若波羅蜜이 卽非般若波羅蜜일새 是

名般若波羅蜜이니라

須菩提야 於意云何오 如來- 有所說法不아

須菩提-白佛言하사대

世尊하如來-無所說이니이다

須菩提야於意云何오三千大千世界所有

微塵이是爲多不아

須菩提言하사대

甚多니이다世尊하

須菩提야諸微塵을如來說非微塵일새是名

微塵이며如來說世界-非世界일새是名世

界니라

須菩提야於意云何오可以三十二相으로見

如來不아

不也니이다世尊하不可以三十二相으로得見

如來니 何以故오 如來說三十二相이 卽是

非相일새 是名三十二相이니이다

須菩提야 若有善男子善女人이 以恒河沙

等身命으로 布施어든 若復有人이 於此經中에

乃至受持四句偈等하야 爲他人說하면 其福이

甚多니라

離相寂滅分 이상적멸분 제십사

爾時에 須菩提─ 聞說是經하사옵고 深解義

趣하사 涕淚悲泣而白佛言하사대

希有世尊하 佛說如是甚深經典은 我從昔

來所得慧眼으로 未曾得聞如是之經이니이다

世尊하若復有人이得聞是經하고信心淸
淨하면卽生實相하리니當知是人은成就第一
希有功德이니이다

世尊하是實相者는卽是非相일새是故로如
來説名實相이니이다

世尊하我今得聞如是經典하고信解受持는
不足爲難이어니와若當來世後五百歲에其
有衆生이得聞是經하고信解受持하면是人은
卽爲第一希有니이다何以故오此人은無我
相이며無人相이며無衆生相이며無壽者相이니
所以者何오我相이卽是非相이며人相衆生
相壽者相이卽是非相이라何以故오離一切

諸相이 卽名諸佛이니이다

佛告須菩提하사대

如是如是하다 若復有人이 得聞是經하고 不

驚不怖不畏하면 當知是人은 甚爲希有니 何

以故오 須菩提야 如來説第一波羅蜜이 卽

非第一波羅蜜일새 是名第一波羅蜜이니라

須菩提야 忍辱波羅蜜도 如來説非忍辱波

羅蜜일새 是名忍辱波羅蜜이니라

何以故오 須菩提야 如我昔爲歌利王에 割

截身體하야 我於爾時에 無我相하며 無人相하며

無衆生相하며 無壽者相하니라 何以故오 我於

往昔一節節支解時에 若有我相人相衆

生相壽者相이면 應生瞋恨일러니라

須菩提야 又念過去於五百世에 作忍辱仙

人하야 於爾所世에 無我相하며 無人相하며 無

衆生相하며 無壽者相하니라

是故로 須菩提야 菩薩은 應離一切相하고 發

阿耨多羅三藐三菩提心이니 不應住色生

心하며 不應住聲香味觸法生心이요 應生無

所住心이니라

若心有住하면 即爲非住니 是故로 佛說菩薩이

心不應住色布施라하느니라

須菩提야 菩薩이 爲利益一切衆生하야 應如

是布施니 如來說一切諸相이 即是非相이며

又說一切衆生^이卽非衆生^{이니라}

須菩提^야如來^는是眞語者^며實語者^며如語

者^며不誑語者^며不異語者^{니라}

須菩提^야如來所得法^인此法^은無實無

虛^{하니라}

須菩提^야若菩薩^이心住於法^{하야}而行布

施^{하면}如人^이入暗^에卽無所見^{이요}

若菩薩^이心不住法^{하야}而行布施^{하면}如人^이

有目^{하야}日光明照^에見種種色^{이니라}

須菩提^야當來之世^에若有善男子善女

人^이能於此經^에受持讀誦^{하면}卽爲如來^가

以佛智慧^로悉知是人^{하며}悉見是人^{하야}皆

得成就無量無邊功德하니라

持經功德分지경공덕분 제십오

須菩提야若有善男子善女人이初日分에
以恒河沙等身으로布施하며中日分에復以
恒河沙等身으로布施하며後日分에亦以恒
河沙等身으로布施하야如是無量百千萬
億劫을以身布施하야도若復有人이聞此經
典하고信心不逆하면其福이勝彼어든何況書
寫受持讀誦하야爲人解説가
須菩提야以要言之컨댄是經은有不可思議
不可稱量無邊功德하나니如來一爲發大

乘者說이며 爲發最上乘者說이니라

若有人이 能受持讀誦하야 廣爲人說하면 如

來一悉知是人하며 悉見是人하야 皆得成就不

可量不可稱無有邊不可思議功德하리니

如是人等은 卽爲荷擔如來阿耨多羅三

藐三菩提라

何以故오 須菩提야 若樂小法者는 着我見

人見衆生見壽者見일새 卽於此經에 不能

聽受讀誦하야 爲人解說이니라

須菩提야 在在處處에 若有此經하면 一切世

間天人阿修羅의 所應供養이니

當知此處는 卽爲是塔이라 皆應恭敬하야 作

禮圍繞하야 以諸華香으로 而散其處하리라

能淨業障分능정업장분 제십육

復次須菩提야 善男子善女人이 受持讀誦
此經하대 若爲人輕賤하면 是人이 先世罪業으로
應墮惡道로대 以今世人이 輕賤故로 先世罪
業이 即爲消滅하고 當得阿耨多羅三藐三
菩提하리라

須菩提야 我念過去無量阿僧祇劫하니 於
燃燈佛前에 得值八百四千萬億那由他
諸佛하야 悉皆供養承事하대 無空過者어니와
若復有人이 於後末世에 能受持讀誦此

經_{하면}所得功德_이於我所供養諸佛功

德_{으로}百分不及一_{이며}千萬億分乃至算數

譬喩_로所不能及_{하리라}

須菩提_야若善男子善女人_이於後末世_에

有受持讀誦此經_{하는}所得功德_을我若具

說者_면或有人_이聞_{하고}心卽狂亂_{하야}狐疑不

信_{하리니}

須菩提_야當知是經_은義不可思議_{하며}果報

亦不可思議_{니라}

究竟無我分구경무아분 제십칠

爾時_에須菩提ㅡ白佛言_{하사대}

世尊하 善男子善女人이 發阿耨多羅三藐三菩提心인댄 云何應住며 云何降伏其心하리잇고

佛告須菩提하사대 若善男子善女人이 發阿耨多羅三藐三菩提心者는 當生如是心이니 我應滅度一切衆生하리라하야 滅度一切衆生已라도 而無有一衆生도 實滅度者니라 何以故오 須菩提야 若菩薩이 有我相人相衆生相壽者相이면 卽非菩薩이니

所以者何오 須菩提야 實無有法－發阿耨多羅三藐三菩提心者니라

須菩提야 於意云何오 如來-於燃燈佛

所에 有法得-阿耨多羅三藐三菩提不아

不也니이다 世尊하 如我解-佛所説義컨댄 佛이

於燃燈佛所에 無有法得-阿耨多羅三

藐三菩提니이다

佛言하사대

如是如是니라 須菩提야 實無有法如來得-

阿耨多羅三藐三菩提니라

須菩提야 若有法如來得-阿耨多羅三

藐三菩提者인댄 燃燈佛이 即不與我授

記하사대 汝於來世에 當得作佛하대 號를 釋迦

牟尼어니와 以實無有法得阿耨多羅三藐

三菩提일새 是故로 燃燈佛이 與我授記하사

作是言하사대 汝於來世에 當得作佛하야 號를

釋迦牟尼라하시니 何以故오 如來者는 卽諸法

如義니라

若有人이言 如來得阿耨多羅三藐三菩

提라하면 須菩提야 實無有法佛得阿耨多羅

三藐三菩提라

須菩提야 如來所得阿耨多羅三藐三菩

提는 於是中에 無實無虛라 是故로 如來說一

切法이 皆是佛法이라하니라

須菩提야 所言一切法者는 卽非一切法일새

是故名一切法이니 須菩提야 譬如人身長

대
大하니라

수 보 리 언
須菩提言하사대

세 존 여 래 설 인 신 장 대 즉 위 비 대 신
世尊하如來說人身長大ㅣ卽爲非大身일새

시 명 대 신
是名大身이니이다

수 보 리 보 살 역 여 시 약 작 시 언 아
須菩提야菩薩도亦如是하야若作是言하대我

당 멸 도 무 량 중 생 즉 불 명 보 살 하
當滅度無量衆生하리라하면卽不名菩薩이니何

이 고 수 보 리 실 무 유 법 명 위 보 살
以故오須菩提야實無有法ㅣ名爲菩薩이니

시 고 불 설 일 체 법 무 아 무 인 무 중 생 무
是故로佛說一切法이無我無人無衆生無

수 자
壽者라하노라

수 보 리 약 보 살 작 시 언 아 당 장 엄 불
須菩提야若菩薩이作是言하대我當莊嚴佛

토 시 불 명 보 살 하 이 고 여 래 설 장
土라하면是不名菩薩이니何以故오如來說莊

엄 불 토 자 즉 비 장 엄 시 명 장 엄
嚴佛土者는卽非莊嚴일새是名莊嚴이니라

須菩提야若菩薩이通達無我法者는如來

說名眞是菩薩이니라

一體同觀分 일체동관분 제십팔

須菩提야於意云何오如來有肉眼不아

如是世尊하如來有肉眼이니이다

須菩提야於意云何오如來有天眼不아

如是世尊하如來有天眼이니이다

須菩提야於意云何오如來有慧眼不아

如是世尊하如來有慧眼이니이다

須菩提야於意云何오如來有法眼不아

如是世尊하如來有法眼이니이다

須菩提_야於意云何_오如來有佛眼不_아

如是世尊_하如來有佛眼_{이니이다}

須菩提_야於意云何_오如恒河中所有沙_를

佛說是沙不_아

如是世尊_하如來說是沙_{니이다}

須菩提_야於意云何_오如一恒河中所有

沙_{하야}有如是沙等恒河_{어든}是諸恒河所有

沙數佛世界_가如是寧爲多不_아

甚多_{니이다}世尊_하

佛告須菩提_{하사대}

爾所國土中所有衆生_{하야}若干種心_을如

來悉知_{하노니}何以故_오如來說諸心_이皆爲

非心_{일새}是名爲心_{이니}

所以者何_오須菩提_야

過去心不可得_{이며}

現在心不可得_{이며}

未來心不可得_{이니라}

法界通化分법계통화분 제십구

須菩提_야於意云何_오若有人_이滿三千大
千世界七寶_로以用布施_{하면}是人_이以是因
緣_{으로}得福多不_아

如是世尊_하此人_이以是因緣_{으로}得福甚
多_{니이다}

須菩提야 若福德이 有實인댄 如來不説得福德多아니와 以福德이 無故로 如來説得福德多니라

離色離相分 이색이상분 제이십

須菩提야 於意云何오 佛을 可以具足色身으로 見不아

不也니이다 世尊하 如來를 不應以具足色身으로 見이니 何以故오 如來説具足色身이 卽非具足色身일새 是名具足色身이니이다

須菩提야 於意云何오 如來를 可以具足諸相으로 見不아

不也니이다 世尊하 如來를 不應以具足諸相으로

見이니 何以故오 如來說諸相具足이 卽非具

足일새 是名諸相具足이니이다

非說所說分 비설소설분 제이십일

須菩提야 汝勿謂如來作是念하대 我當有

所說法이라하리 莫作是念이니 何以故오 若人이

言如來 - 有所說法이라하면 卽爲謗佛이라 不

能解我所說故니라

須菩提야 說法者는 無法可說이 是名說

法이니라

爾時에 慧命須菩提 - 白佛言하사대

世尊_하頗有衆生_이於未來世_에聞說是
法_{하고}生信心不_{잇가}

佛言_{하사대}

須菩提_야彼非衆生_{이며}非不衆生_{이니}何以
故_오須菩提_야衆生衆生者_는如來說非衆
生_{일새}是名衆生_{이니라}

無法可得分무법가득분 제이십이

須菩提－白佛言_{하사대}

世尊_하佛_이得阿耨多羅三藐三菩提_는爲
無所得耶_{잇가}

佛言_{하사대}

如是如是하다 須菩提야 我於阿耨多羅三

藐三菩提에 乃至無有少法可得일새 是名

阿耨多羅三藐三菩提니라

淨心行善分정심행선분 제이십삼

復次須菩提야 是法이 平等하야 無有高下일새

是名阿耨多羅三藐三菩提니 以無我無

人無衆生無壽者로 修一切善法하면 即得

阿耨多羅三藐三菩提하리라

須菩提야 所言善法者는 如來説即非善

法일새 是名善法이니라

福智無比分복지무비분 제이십사

須菩提야若三千大千世界中에所有諸須
彌山王ㅣ如是等七寶聚를有人이持用布
施라도若人이以此般若波羅蜜經으로乃至
四句偈等을受持讀誦하며爲他人說하면於
前福德으로百分에不及一이며百千萬億分과
乃至算數譬喩로所不能及이니라

化無所化分화무소화분 제이십오

須菩提야於意云何오汝等은勿謂如來ㅣ
作是念하대我當度衆生이라하리
須菩提야莫作是念이니何以故오實無有衆

生一如來度者니 若有衆生을 如來度者면

如來一即有我人衆生壽者니라

須菩提야 如來説有我者는 即非有我어늘 而

凡夫之人이 以爲有我니 須菩提야 凡夫者는

如來説即非凡夫일새 是名凡夫니라

法身非相分법신비상분 제이십육

須菩提야 於意云何오 可以三十二相으로 觀

如來不아

須菩提言하사대

如是如是니이다 以三十二相으로 觀如來니이다

佛言하사대

須菩提야若以三十二相으로觀如來者인댄

轉輪聖王도卽是如來로다

須菩提-白佛言하사대

世尊하如我解佛所說義컨댄不應以三十

二相으로觀如來니이다

爾時에世尊이而說偈言하사대

若以色見我커나

以音聲求我하면

是人行邪道라

不能見如來니라

無斷無滅分 무단무멸분 제이십칠

須菩提야 汝若作是念하대 如來 - 不以具

足相故로 得阿耨多羅三藐三菩提아 須菩

提야 莫作是念 - 如來 - 不以具足相故로

得阿耨多羅三藐三菩提라하리

須菩提야 汝若作是念하대 發阿耨多羅三

藐三菩提心者는 説諸法斷滅가 莫作是

念이니 何以故오 發阿耨多羅三藐三菩提

心者는 於法에 不説斷滅相이니라

不受不貪分 불수불탐분 제이십팔

須菩提야 若菩薩이 以滿恒河沙等世界七

實_로持用布施_{라도}若復有人_이知一切法無

我_{하야}得成於忍_{하면}此菩薩_이勝前菩薩_의所

得功德_{이니}何以故_오須菩提以諸菩薩_이不

受福德故_{니라}

須菩提－白佛言_{하사대}

世尊_하云何菩薩_이不受福德_{이닛고}

須菩提_야菩薩_의所作福德_은不應貪着_{일새}

是故_로說－不受福德_{이니라}

威儀寂靜分위의적정분 제이십구

須菩提_야若有人_이言_{하대}如來－若來若去

若坐若臥_{라하면}是人_은不解我－所説義_니何

<ruby>以故<rt>이고</rt></ruby>오 <ruby>如來者<rt>여래자</rt></ruby>는 <ruby>無所從來<rt>무소종래</rt></ruby>며 <ruby>亦無所去<rt>역무소거</rt></ruby>일새

<ruby>故名如來<rt>고명여래</rt></ruby>니라

一合理相分일합이상분 제삼십

<ruby>須菩提<rt>수보리</rt></ruby>야 <ruby>若善男子善女人<rt>약선남자선여인</rt></ruby>이 <ruby>以三千大千<rt>이삼천대천</rt></ruby>

<ruby>世界<rt>세계</rt></ruby>로 <ruby>碎爲微塵<rt>쇄위미진</rt></ruby>하면 <ruby>於意云何<rt>어의운하</rt></ruby>오 <ruby>是微塵<rt>시미진</rt></ruby>

<ruby>衆<rt>중</rt></ruby>이 <ruby>寧爲多不<rt>영위다부</rt></ruby>아

<ruby>須菩提言<rt>수보리언</rt></ruby>하되

<ruby>甚多<rt>심다</rt></ruby>니이다 <ruby>世尊<rt>세존</rt></ruby>하 <ruby>何以故<rt>하이고</rt></ruby>오 <ruby>若是微塵衆<rt>약시미진중</rt></ruby>이 <ruby>實<rt>실</rt></ruby>

<ruby>有者<rt>유자</rt></ruby>인댄 <ruby>佛<rt>불</rt></ruby>이 <ruby>卽不說是微塵衆<rt>즉불설시미진중</rt></ruby>이니

<ruby>所以者何<rt>소이자하</rt></ruby>오 <ruby>佛說微塵衆<rt>불설미진중</rt></ruby>이 <ruby>卽非微塵衆<rt>즉비미진중</rt></ruby>일새

<ruby>是名微塵衆<rt>시명미진중</rt></ruby>이니이다

世尊하 如來-所説三千大千世界가 卽非
世界일새 是名世界니 何以故오 若世界-實
有者인댄 卽是一合相이어니와 如來説一合相은
卽非一合相일새 是名一合相이니이다
須菩提야 一合相者는 卽是不可説이어늘 但
凡夫之人이 貪着其事니라

知見不生分지견불생분 제삼십일

須菩提야 若人이 言-佛説我見人見衆生
見壽者見이라하면 須菩提야 於意云何오 是
人이 解我所説義不아
不也니이다 世尊하 是人은 不解如來所説義니

何以故오 世尊이 說我見人見衆生見壽者
見은 卽非我見人見衆生見壽者見일새 是
名我見人見衆生見壽者見이니이다

須菩提야 發阿耨多羅三藐三菩提心者는
於一切法에 應如是知하며 如是見하며 如是
信解하야 不生法相이니

須菩提야 所言法相者는 如來說卽非法
相일새 是名法相이니라

應化非眞分응화비진분 제삼십이

須菩提야 若有人이 以滿無量阿僧祇世
界一七寶로 持用布施라도 若有善男子善

女人이 發菩薩心者ㅣ 持於此經하야 乃至
四句偈等을 受持讀誦하며 爲人演說하는 其
福이 勝彼하리니

云何爲人演說고 不取於相하고 如如不
動하리 何以故오

一切有爲法이
如夢幻泡影하며
如露亦如電이라
應作如是觀이니라

佛說是經已하시니 長老須菩提와 及諸比丘

比丘尼와 優婆塞優婆夷와 一切世間 天

人阿修羅가 聞佛所說하옵고 皆大歡喜하야 信

受奉行하니라

생활 속의 금강경

신국판 304쪽 10,000원

『생활 속의 금강경』은 일평생을 수행과 중생교화를 위해 살아오신 우룡큰스님께서 그토록 어렵다는 금강경의 가르침을 우리의 생활에 접목시켜 쉽고도 재미있게 풀이한 책입니다. 이제 이 책을 통해 마음 다스리는 법을 터득하시어 우주에 가득찬 지혜와 영광과 행복을 누려보시기 바랍니다.

영험깊은 금강경 사경집 (3종)

| 금강경 한글사경 | 4×6배판 | 112쪽 | 5,000원 |
| 금강경 한문사경 | 4×6배판 | 112쪽 | 5,000원 |

※ 한 권의 책으로 2번을 사경할 수 있습니다.

| 금강경 한문한글사경 | 4×6배판 | 100쪽 | 4,000원 |

※ 한 권의 책으로 1번 사경할 수 있으며, 한 단락씩 한자 원문을 먼저 싣고 한글번역본을 수록하여 내용 파악을 더욱 용이하게 하였습니다.

♠ 각 책마다 금강경 사경의 방법을 자세하게 설명하고 있습니다.

불자들에게 있어 가장 요긴하고 으뜸된 경전인 금강경! 이 금강경을 자꾸자꾸 사경해보십시오. 업장소멸은 물론이요 크나큰 깨달음과 갖가지 좋은 일들이 저절로 다가오게 됩니다.

독송용 금강경

| ① 금강경(큰활자본) | 4×6배판 | 112쪽 | 5,000원 |
| ② 우리말 금강경 | 국반판 | 100쪽 | 2,500원 |

'불자들이 꼭 읽어야 할 불경을 우리말로 보급하겠'는 원력에 의해 제작된 책입니다. 한글 번역이 쉽고 분명하고 아름다우며 본문을 큰 글씨로 편집하여 누구나 읽기 편하도록 엮었습니다. ① 큰활자본 금강경은 앞쪽에 한글 번역본을, 뒤쪽에 한문과 한문음을 함께 수록하였습니다. ② 우리말 금강경은 휴대하여 독송하기 좋도록 제작하였습니다.

◈ 법보시는 할인혜택을 드립니다. (문의전화 : 02-587-6612)